1 1. April 1991

Jens Kiecksee

Die Billy the Kid Story

Jens Kiecksee

Die
Billy the Kid Story

Verlag für Amerikanistik
Wyk auf Foehr
West-Germany

Redaktionelle Bearbeitung: Wilhelm Kopp

Abbildungen: Sammlung des Verfassers und Archiv Verlag für Amerikanistik

ISBN 3-924696-55-1

Copyright (c) 1991 by VERLAG FÜR AMERIKANISTIK, Postf. 1332, D-2270 Wyk auf Foehr

Copyright (c) für den Serientitel »TRAIL BOOKS« by VERLAG FÜR AMERIKANISTIK, D-2270 Wyk

Satzherstellung: Verlag für Amerikanistik, 2270 Wyk auf Foehr
Druck und Reproarbeiten: Druckerei R. Knust, 3300 Braunschweig
Buchbinderische Verarbeitung: Buchbinderei Bratherig, 3300 Braunschweig

Printed in West-Germany

I.

*It is one thing to show a man that he is
in an error, and another to put him in
possession of the truth.*
John Locke

Billy the Kid, Billy el Chivato, Billy el Niño, Bilito – wie immer man ihn auch nannte, er wurde und wird bestaunt, gehaßt – vielleicht auch bewundert, von den Anglos wie von den Hispanos der Bevölkerung New Mexicos, als hätte sich seit 1880 nichts Wesentlicheres ereignet als seine Taten, seine Untaten möglicherweise, sein Tod. Dieses Phänomen könnte man unter Umständen noch unter dem Kapitel „überbewertete Regionalgeschichte" abbuchen, wie sie bezüglich verwegener Gestalten in aller Welt zu finden ist.

Man denke nur an die zahlreichen Haiduken des Balkans, an Italiens Angelo Duca oder auch an Deutschlands Schinderhannes. Dann wird schnell klar, daß sie sich nur in ihren Heimatländern einer gewissen Bekanntheit erfreuen und auch dort überwiegend örtlich begrenzt. Sie waren sicher nur Räuber und Mörder, aber wir sollten nicht vergessen, daß dieser Status genauso The Kid von einigen seiner Gegner zugewiesen wurde. Dennoch stellt sich seine Rezeption in den gesamten USA völlig anders dar. Billy the Kid ist – so scheint es zumindest dem auswärtigen Beobachter – eine der Identifikationsfiguren des seine Freiheit verteidigenden Pioniers.

Ohne Zweifel wird man von jedem denkenden Amerikaner auf eine entsprechende Frage die Auskunft erhalten, daß man natürlich eine solche legendär verfälschte Gestalt nicht ernst nähme. Aber ich wage die Behauptung, er ist dennoch da im nationalen Selbstverständnis und bestimmt sogar zusammen mit anderen, wenn auch unterbewußt, das persönliche Wertgefühl vieler Amerikaner, wie wir Deutsche beispielsweise Siegfried und Hagen nicht loswerden können, ohne es recht eigentlich zu realisieren. Also gilt es, Billy the Kids Biographie und Wirkungsgeschichte erneut – und zwar ohne

Ressentiments – aufzuarbeiten, sine ira et sudio – ohne Zorn und Eifer.

Viele Geschichten und Romane wurden über ihn verfaßt, eine große Anzahl Filme über ihn gedreht, und dennoch wußte man lange Zeit nicht sehr viel über seine Herkunft. Noch nicht mal seinen wirklichen Namen kannte man. »Billy Bonney« hätte er geheißen, so liest man immer wieder (und es stimmt ja auch: so hat er immer unterschrieben). »Henry Antrim« ist der nächste Name, der in Dokumenten auftaucht, ganz zu schweigen von seinem Spitznamen »Kid«, der nur auf seine Jugend anspielte und allgemein weitverbreitet war. Sein wirklicher – oder besser – Geburtsname war Henry McCarty. Vielfach ziehen Autoren die Schreibweise »McCarthy« vor, die nicht von der Hand zu weisen ist, da – und das ist immer vergessen worden – beides ein irischer Name ist, und Iren sprechen das »th« nun mal als »t«.

Inzwischen wissen wir, daß Henry (ich bleibe vorerst bei diesem Namen) in New York geboren wurde. Das genaue Datum ist unbekannt. Häufig liest man, es sei der 23. November 1859 gewesen, aber das hat nur Pat Garrett, respektive sein „Ghostwriter" Ash Upson in die Welt gesetzt. Der Himmel mag wissen, woher sie das hatten. Es ist jedoch nicht ganz auszuschließen, daß Pat dieses Datum von Billy selbst hörte. So ganz falsch lag er nämlich nicht. Mit größter Wahrscheinlichkeit wurde Henry McCarty am 17. September 1859 im überwiegend irisch besiedelten Fourth Ward von Manhattan in der 210 Greene Street als Sohn des Patrick McCarty und seiner Frau Catherine geboren.

Andererseits jedoch besteht die Möglichkeit, daß er am 20. November desselben Jahres von derselben Mutter, aber ohne genannten Vater, in 70 Allen Street geboren wurde. Für beide Daten gibt es Eintragungen in den einschlägigen Kirchenbüchern.

Das eigentliche Problem, den „wahren" Henry herauszufinden, besteht in der Tatsache, daß infolge der Hungersnot in Irland in den späten vierzigern und den gesamten fünfziger Jahren viele McCarthys und McCartys von der grünen Insel einwanderten, deren weibliche Bestandteile auch noch eine stattliche Anzahl von Catherines aufwiesen. Aber Catherines Nachname muß ja keineswegs McCart(h)y gewesen sein, denn war sie in der Tat mit dem obengenannten Patrick McCarty verheiratet, so wäre ihr Mädchenname wahrscheinlich Devine, und ihr Mann hätte entweder 1863 oder 1864 das Zeitliche gesegnet. Es ist anzunehmen, daß dies wohl aufgrund eines gewaltsamen Todes geschah, denn es ist sehr wahrscheinlich, daß er sich, wie viele der Armen New Yorks, der Zwangserhebung wegen des Bürgerkriegs widersetzte und in den daraus resultierenden Unruhen sein Leben ließ.

Auch wenn der Konjunktiv bei der Herkunft Henry McCartys eine große Rolle spielt, so kann man dennoch davon ausgehen, daß eine der beiden angeführten Theorien zutrift. Stimmt das Septemberdatum – und das nehme ich an –, dann war er der zweite Sohn der Familie. Sein älterer Bruder – Joseph M. mit Namen – erblickte das Licht der Welt aller Wahrscheinlichkeit nach am 25. August 1854 im »New York Hospital«, 525 East 68th Street.

Das einzige, was man darüber hinaus weiß, ist, daß Henrys Mutter noch 1864 in New York lebte. Und jetzt taucht eine große Lücke auf. Erst 1870 gibt es wieder eine verwertbare Auskunft auf die Frage, wo sich die Familie aufhielt. Und das ist nun wirklich ungewöhnlich und zeugt davon, daß das Leben in New York, aus welchen Gründen auch immer, nicht mehr tragbar war.

Henry McCarty als zehn- oder elfjähriger Knabe. Die Authentizität ist nicht vollständig bewiesen, gilt aber durch Vergleiche mit anderen Bildern als äußerst wahrscheinlich.

Diese, meist stark retuschierte, Reproduktion einer sehr zerkratzten Daguerreotypie ist als eine der frühesten Fotografien Billy the Kids zweifelsfrei nachgewiesen. Diese Abbildung zeigt die Originalversion des Bildes.

II.

Man stelle sich die Prärie vor – wenn möglich so öde, wie es nur geht: auf dieser Prärie verlieren sich einige Häuser, und das Ganze nennt sich Wichita, Kansas, das eben erst gegründet worden war.

Mit an Sicherheit grenzender Wahrscheinlichkeit hat Mrs. McCarty schon dort ihren zweiten Mann William Antrim kennengelernt und, soweit wir wissen, die Wäscherei des jungen Ortes betrieben. *The Wichita Eagle:* „The City Laundry is kept by Mrs. McCarty to whom we recommend those who wish to have their linnen made clean." (Die städtische Wäscherei wird von Mrs. McCarty geführt, die wir allen empfehlen, die saubere Wäsche haben möchten.)

Im Juni 1871 jedoch verließ die Familie McCarty Wichita und ging keineswegs nach Coffeyville, Kansas, wo sich »Dirty Little Billy« (so ein Filmtitel) seine ersten Outlawsporen verdiente. Es gibt keinerlei Hinweise für einen Aufenthalt dort. Coffeyville wurde Jahre später bekannt, als Bürger der Stadt die Daltonbande durch beherzten Einsatz von Schußwaffen an weiteren Untaten hinderten. Die McCartys brachen vielmehr nach Colorado auf.

Der Grund dafür war wohl, wie zu glauben nicht sehr schwer fällt: Catherine litt an der damals weitverbreiteten Tuberkulose und suchte eine höhere und trockenere Gegend. Denver, Colorado, entsprach dieser Anforderung, aber seltsamerweise zog man schon kaum ein Jahr später nach Süden, nach New Mexico.

Das klingt heute so einfach, doch damals gab es noch nicht die »Atchison, Topeka and Santa Fé Railroad«, und man kann sich nur sehr vage vorstellen, wie man damals – wohl relativ bargeldlos – diese Strecke bewältigte.

Wie auch immer: Catherine McCarty traf „Uncle" Bill Antrim wieder, und sie heirateten am 1. März 1873 in Santa Fé, womit nun auch Henrys zweiter Nachname Antrim erklärt wäre. Kurz nach der Hochzeit brach die neuentstandene Familie nach Silver City auf, einer überwiegend von Anglo-

164 *Marriages in Santa Fé New Mexico.*

1873
March 1st Mr William H. Antrim and Mrs Catherine McCarty
Both of Santa Fé New Mexico
by D.F. McFarland

Witnesses
Harvey Edmonds, Mrs D.F. McFarland.
Miss Katie McFarland, Henry McCarty, & Josie McCarty

Auszug aus dem Heiratsregister des Santa Fé Courthouse, in dem die Hochzeit von Catherine McCarty mit William H. Antrim verzeichnet ist. Unter den Trauzeugen war, wie nachzulesen, Henry McCarty.

Amerikanern bewohnten Siedlung im Westen New Mexicos. William Antrim versuchte, die Familie durch Gelegenheitsarbeiten zu ernähren, konnte aber auch nicht von seiner lebenslangen Leidenschaft lassen – der Suche nach Edelmetallen. Das war schon der Grund gewesen, aus dem er Catherine in Wichita wieder verlassen hatte.

Die frischgebackene Mrs. Antrim betrieb zur Aufbesserung des Familieneinkommens eine Pension und war, so scheint es, von Nachbarn und Bekannten wohlgelitten. Einer von ihnen erinnerte sich später, daß „Mrs. Bill Antrim eine wohlgelaunte irische Dame (war), sehr lebhaft und Streichen immer zugeneigt".

Leider erlag diese lebensfrohe Frau trotz des gesunden Klimas in Silver City am 16. September 1874 der Schwindsucht, der sie zu entgehen versucht hatte.

Henry Antrim stand nun als Halbwaise in der Welt. Wie groß der Schock für ihn war, ist nicht überliefert. Er hat wohl seine Mutter geliebt, wenn man von späteren, hauptsächlich von Pat Garrett überlieferten Aussagen ausgeht. Obwohl er sicherlich kein wohlbehütetes Leben geführt haben kann (die Umstände sprachen dagegen), gibt es keinerlei Hinweise auf irgendwelche Verstimmungen zwischen Mutter und Sohn. Auch scheint er ihr freundliches Wesen geerbt zu haben und war ihr, man möchte es fast glauben, sehr ähnlich. Vermutlich hat der knapp Fünfzehnjährige sehr unter dem Verlust gelitten.

Der Witwer William Antrim und seine Stiefsöhne, Joseph und Henry, zogen zur Untermiete in das Haus des Schlachters Richard Knight, dessen junger Schwager Tony Connor Henrys bester Freund wurde. Tony erzählte später von Henrys Musikbegeisterung, von seinem Hang zu lesen (wobei natürlich auch Groschenromane eine Rolle spielten). Henry war sicher nicht unbegabt – das ist seiner späteren überlieferten Korrespondenz zu entnehmen –, wie weit ihn aber der Drang zu den schönen Künsten in der Adoleszenz wirklich packte, sei trotz solcher Aussagen dahingestellt.

Henry scheint im allgemeinen nicht besonders aus der Menge hervorgeragt zu haben. Als Beispiel für viele ähnliche Äußerungen sei hier die von Henrys Zeitgenossen Dick Clark aus Silver City zitiert:„Billie (!) the Kid war kein böser Bube während seiner Schulzeit. The Kid steckte, wie andere auch, voller Streiche; aber daß er jemanden in Silver City getötet hätte? – sicher nicht.”

1875 schossen die Streiche über das Ziel hinaus. Kleinere Diebstähle konnten ihm nachgewiesen werden, aber Sheriff Harvey Whitehill schien sie nicht überzubewerten. Nach strenger Ermahnung ließ er Henry laufen. Wahrscheinlich war er der Meinung eines Mitbürgers namens Henry Abraham, der später äußerte:„Er war ein guter Junge, aber er geriet in die falsche Gesellschaft.”

Die falsche Gesellschaft hieß George Shaffer, am Ort besser bekannt als »Sombrero Jack«. Er war einer der in allen Grenzstädten anzutreffenden Möchtegern-Outlaws, ein Typus, der in seiner spätpubertären Großmäuligkeit zeitlos ist, aber dennoch auf etwas Jüngere immer wieder eine starke Anziehungskraft auszuüben scheint. Statt der Leder- oder Bomberjacke, trug Mr. Shaffer eben einen mexikanischen Sombrero, um sein Machismo zu unterstreichen. Daß er trotz seines Vornamens allgemein unter „Jack" firmierte, ist nur ein Beispiel von vielen für die Tatsache, daß beim „nom-de-guerre" der eigentliche Vorname keine Rolle spielte.

So wurde vielleicht auch aus Henry der berühmte Billy (the Kid). Noch als Henry jedoch gelangte er das erste Mal in die Zeitung. Am 26. September 1875 konnte man im *Grant County Herald* lesen, daß sich der am Donnerstag wegen Kleiderdiebstahls festgenommene Henry McCarty mittels Flucht durch den Schornstein seiner Haft entzogen hätte. Es wäre anzunehmen, daß der wahre Dieb »Sombrero Jack« heißt und Henry nur Hilfsdienste geleistet hätte.

Es scheint, daß Henry – vielleicht durch die ungewohnt-unerwartete Haft veranlaßt – den Vorfall überbewertete. Er zog die Konsequenzen, die er offensichtlich für angebracht hielt und verschwand aus Silver City. Was hätte ihn auch halten sollen? Seine Mutter war tot, sein Stiefvater suchte Silber in Arizona, seinen Freunden hatte er sich durch die Beziehung zu »Sombrero Jack« in der letzten Zeit entfremdet.

Dennoch, der Entschluß war mutig. Schließlich zog er ins Ungewisse und wandte sich darüber hinaus noch nach Arizona, das bedeutete damals, mitten in die Apacheria, wo immer wieder Apachenaufstände aufflammten und renegate Indianerbanden durch das Land zogen. Aus Henrys Sicht schien Arizona allerdings Sicherheit vor Verfolgung zu bieten. Das Tragische war, daß der Sheriff überhaupt nicht an Verfolgung dachte. Es bleibt müßig, zu spekulieren, was ohne dieses Mißverständnis aus Henry McCarty geworden wäre.

III.

Jetzt wurde »The Kid« aus ihm. Es ist denkbar, daß er sich überwiegend als Hilfsarbeiter in kleineren Städten und auf Ranches durchschlug. Mancher mag ihn aus Mitleid – einer damals in den Weiten des Westens weit verbreiteten Tugend – unterstützt haben. Vielleicht begann auch schon seine Spielerkarriere – mit fünfzehn Jahren galt man in den Gebieten fern der Zivilisation als erwachsen. Wie er auch seinen Lebensunterhalt bestritten haben mag, wo er auch auftauchte – man wird ihn sicher »Kid« genannt haben. Da war er keine Ausnahme. Jeder junge Bursche, dessen Namen man nicht kannte, wurde so genannt. Bei Henry blieb der Name haften bis zu seinem vorzeitigen Tod. Im weiteren werde ich ihn so nennen.

Als sicher gilt, daß »The Kid« das Cowboyhandwerk auch im Sulphur Springs Valley auf Colonel Henry C. Hookers Sierra-Bonito-Ranch erlernte, der, nebenbei bemerkt, einige Jahre später als Parteigänger der Earps in der Tombstone-Affäre eine Rolle spielte. W. J. „Sorghum" Smith hieß ein weiterer kurzfristiger Arbeitgeber.

Kids Hauptquartier war Camp Grant, ein Kavallerieposten, in dessen Nachbarschaft eine kleine Ansiedlung entstanden war, die überwiegend von den Bedürfnissen der Soldaten lebte und Bonito genannt wurde, und wo er zeitweise in Miles Wood's Hotel einen Job übernahm. Diese Ansiedlung war etwa sechs Meilen von Hookers Ranch entfernt und vier Meilen von Camp Grant. Kid arbeitete als Frachtfahrer und transportierte Langholz von Mount Graham bis Camp Grant. Er sammelte aber auch seine ersten Erfahrungen als Pferdedieb. Sein Lehrmeister war ein gerade ins Zivilleben entlassener Soldat namens John R. Mackie, zehn Jahre älter als er. Es ist anzunehmen, daß John als Vorbild des in Pat Garretts Buch genannten »Alias« fungierte. Aufgrund eines Diebstahls wurde Kid verhaftet, entwischte aber wie schon zuvor, dieses Mal sogar mit Hand- und Fußschellen, ein Vorfall, der sich viel später noch einmal wiederholen sollte.

Als er im Hochsommer 1877 wieder in Bonito einritt, trug er „Stadthosen", Schuhe statt Stiefel und einen Revolver im Hosenbund, wie der Hooker-Cowboy Gus Gildea berichtete. Kids äußere Erscheinung, seine schmale und nicht sehr hohe Gestalt, dazu sein freundliches, fast mädchenhaftes Gesicht zogen schnell den Haß eines Mannes namens Frank P. Cahill auf sich, eines ehemaligen Soldaten, der zur Zeit als Schmied arbeitete (was etwas über seine Körperkraft aussagen dürfte). Cahills Spitzname war »Windy«, weil er „sich über alles und jedes aufplusterte"; so Gus Gildea.

Es scheint, daß Cahill Kid als eine Art Blitzableiter für seine Aggressionen benutzte. Er beschimpfte ihn, stieß ihn zu Boden und ohrfeigte ihn, kurz, er erniedrigte ihn vor versammelter Mannschaft. Am Abend des 17. August 1877 tat er das einmal zu oft. Nachdem Cahill das schon bekannte Prozedere wiederholt hatte – so äußerte er auf dem Totenbett –, hätte er Kid „Pimp" (Zuhälter) genannt, woraufhin der ihn als „Son-of-a-bitch" bezeichnet hätte. Daraufhin sei ein Kampf entbrannt, und Kid hätte ihn mit einem Revolver in den Unterleib geschossen. Wahrscheinlich wird es so oder ähnlich gewesen sein. Cahill, der am Tag darauf starb, hatte, wie es noch einigen anderen ergehen sollte, Kids Toleranzschwelle überschätzt.

Es kann aber auch ganz anders gewesen sein: der zierliche Junge hatte diesmal Angst um sein Leben. Wie auch immer: Eine sofort zusammengerufene Coroner's Jury befand, daß die Tat „verbrecherisch und nicht gerechtfertigt ist, und daß ‚Henry Antrim alias Kid' dessen schuldig ist". Doch trotz dieser für ihn ungünstig erscheinenden Umstände gelang Kid die Flucht, was etwas seltsam anmutet. Major Compton mußte den Behörden in Tucson mitteilen, daß es „Antrim, alias ‚Kid' erlaubt wurde, zu fliehen, und er noch flüchtig ist". Und das blieb er auch. Er befand sich auf dem Weg zurück nach New Mexico.

Abgesehen von der Dorfschule Silver Citys und wahrscheinlich einiger vorangehenden Volksbildungsanstalten, war Billy the Kids Ausbildung in Arizona erfolgt. Er hatte gelernt, mit Rindern und Pferden umzugehen, auch sie zu stehlen. Der Schußwaffengebrauch war ihm nicht mehr fremd – sogar die Hemmschwelle des Tötens hatte er überschritten.

In den einschlägigen Lokalitäten hatte er Karten gespielt, galt als recht brauchbarer Monte-Spie-

Telegramm von Major Compton aus Camp Grant vom 23. August 1877, in dem vom Tode Frank P. Cahills berichtet wird. „Cahill wurde nicht auf der militärischen Reservation ermordet. Seinem Mörder, Antrim, alias »Kid«, wurde erlaubt zu fliehen."

ler und soll später sogar als Bankhalter sein Geld verdient haben. Wenn ihn Cahill als „pimp" bezeichnete, so ist das wohl auch auf Eifersucht zurückzuführen. Kid wurde von Frauen geliebt und liebte sie, besonders mexikanische Señoritas, hatte aber – wie es aussieht – kaum oder besser, kein Interesse an der geschäftlichen Seite der Liebe. Und irgendwo am Wegesrand muß er Spanisch gelernt haben, denn er sprach es, wie von vielen Zeugen bestätigt, fließend und akzentfrei. Henry Antrim »The Kid« war wohlgerüstet, als er im August 1877 nach New Mexico aufbrach.

Das Gebiet, in dem er schließlich aus dem Sattel stieg, und das ihm zum Schicksal wurde, war das Lincoln County. Es war im Jahr 1868 gegründet worden und umfaßte etwa ein Viertel des Staates New Mexico.

Zum Vergleich: das entspricht ungefähr der Fläche Niedersachsens. Entsprechend unterschiedlich gestaltet sich die Landschaft. Große Teile sind flaches bis leicht gewelltes Ranchland. Der Nordwesten ist überwiegend von unwirtlicher Wüste bedeckt, die Umgebung Lincoln Citys hat einen fast mittelgebirgsartigen und fruchtbaren Charakter, und das einige Meilen südwestlich gelegene Ruidoso erfreut sich heute gar einiger Beliebtheit als Wintersportzentrum.

Bis zum Bürgerkrieg konnten sich hier fast unbeeinträchtigt die Mescalero-Apachen ihrer Freiheit erfreuen. Wie gesagt fast, denn schon 1855 war Fort Stanton als Grenzposten angelegt worden, das während der Auseinandersetzung zwischen Nord und Süd eine wechselvolle Geschichte hatte. So war zeitweise auch Kit Carson der dortige Kommandant. Nach dem Krieg entstand unter Schwierigkeiten – man hatte versucht, Mescalero und Navajo zusammen anzusiedeln – die heute noch bestehende Mescalero-Reservation.

Inzwischen waren überwiegend mexikanische Siedler in die fruchtbaren Täler des Rio Bonito, des Ruidoso und des Rio Hondo gezogen, gefolgt von einigen Anglos. Als man einen Countysitz suchte, fiel gezwungenermaßen die Wahl auf eine kleine mexikanische Siedlung, die den Vorteil hatte, in der Nähe Fort Stantons zu liegen und La Placita del Rio Bonito genannt wurde. Mit dem Anwachsen der anglo-amerikanischen Siedlerzahl wurde der Name amerikanisiert, aus La Placita wurde Lincoln.

Der Mann, der wesentlich für die Anglifizierung des Landes verantwortlich zeichnete, war John

John Simpson Chisum – er wurde zum Cattle King of New Mexico, gilt noch heute als einer der führenden Pioniere des Staates und war eine Schlüsselfigur im Lincoln County.

Simpson Chisum. Er war 1867 mit einer Rinderherde auf dem Goodnight-Loving-Trail in den Osten des neuen Countys gelangt, hatte 200 Meilen entlang des Pecos Rivers als Eigentum beansprucht und sich auf seiner »Bosque-Grande-Ranch« als Herr der Gegend eingerichtet, als »Cattle King of New Mexico«. Obwohl das riesige Territorium, das er für sich beanspruchte, keineswegs für Siedler freigegeben worden war, hielt es Chisum offensichtlich für selbstverständlich, daß es ihm per „right of discovery" zustände. Er war in der Geschichte des Westens kein Einzelfall. Die Überzahl des Großranches sind so entstanden. Das Entstehen unglaublich großer Viehimperien ist anders wohl auch nicht denkbar. Da gab es Charles Goodnight und Richard King in Texas, John Slaughter in Arizona, die von einem Konsortium geführte XIT-Ranch in – wiederum – Texas, die, wie der Name schon sagt (XIT = Ten in Texas), zehn Counties umfaßte, und zahllose weitere Beispiele.

Aber auch Königen unterlaufen Fehler. Noch von Texas aus war Chisum einen Vertrag mit zwei Geschäftsleuten aus Arkansas namens Wilbur und Clark eingegangen. Als dann sein Name größer und größer wurde, hatten die besagten

Das Ranchhaus John Chisums, des »Cattle King of New Mexico«.

Herren Kredite größerer Zahl aufgenommen, die Chisum nach dem Bankrott der gemeinsamen Firma in Zahlungszwang brachten. 1875 verkaufte er fast seinen gesamten Viehbestand an eine Gesellschaft in St. Louis, Missouri, und brachte die nächsten zwei Jahre damit zu, seine Verpflichtungen ihr gegenüber zu erfüllen oder auch, um Kontrakten mit der US-Regierung nachzukommen, die er für Armeestützpunkte und Reservationen eingegangen war.

Diese offiziellen Kontrakte waren eine hervorragende Einnahmequelle, da Nachschub ständig gebraucht und in der Regel prompt bezahlt wurde. So ist es kein Wunder, daß Chisum nicht der alleinige Interessent daran war. William Rosenthal hieß sein Konkurrent, der zwar selbst kein Vieh züchtete, sondern es nur aufkaufte, aber dennoch gute Geschäfte damit zu erzielen verstand. Rosenthal hatte einen Vorteil auf seiner Seite – zu seinem Freundeskreis konnte er den Bezirksstaatsanwalt Thomas B. Catron von Santa Fé zählen. Nun, der Himmel ist hoch und der Zar ist weit, aber Santa Fé war schließlich die Hauptstadt des Territory of New Mexico, und Catron war der Organisator und Chef des sogenannten »Santa-Fé-Rings«, einer Gruppe von Geschäftsleuten, die sich vorgenommen hatten, das Territorium wirtschaftlich zu kontrollieren.

Darüber hinaus hatte er hervorragende Verbindungen zu Gouverneur Axtell und wußte den für Lincoln County zuständigen Staatsanwalt William L. Rynerson wie auch den dortigen Sheriff William Brady auf seiner Seite. Dieser »Ring« war gewiß kein singuläres Phänomen. „Interessengemeinschaften" dieser Art gab es überall an der Frontier, und sie waren überall auch Anlaß zu gewaltsamen Auseinandersetzungen.

Bevor noch John Chisum ins Lincoln County gezogen war, hatte sich »L. G. Murphy & Company« in der Indianeragentur bei Fort Stanton etabliert. Lawrence G. Murphy und sein deutschstämmiger Kompagnon Emil Fritz hielten dort das Versorgungsmonopol und waren darum auch für Rosenthals Fleischlieferungen verantwortlich. Hier geriet der »Santa-Fé-Ring« ins Spiel.

Schon bevor Fritz 1874 nach Stuttgart reiste, um Verwandte zu besuchen, aber dort starb, hatte Murphy begonnen, den jungen Iren James J. Dolan als dessen Nachfolger aufzubauen. Er erwies sich bald als „Spargenie". Mittels des Viehdiebs Jesse Evans und seiner Bande gelang es ihm, die Unkosten

Die Stadt Lincoln aus der Vogelperspektive, etwa 1890 fotografiert. Links unten der Dolan Store, das spätere Court House. Ganz links der Rio Bonito.

Murphy & Co.'s und Rosenthals auf einem Minimum zu halten. Die dafür benötigten Rinder grasten friedlich auf einer Ranch am Rio Pecos. Hier gelangte John Chisum ins Spiel.

Diese Verfahrensweise, vielleicht auch andere unredliche Vorkommnisse, veranlaßten den Commanding Officer Fort Stantons, Captain Randlett, beim zuständigen Kriegsministerium die Verweisung der Murphyschen Handelsgesellschaft aus dem Reservat zu fordern. 1873 schrieb er:„Ich halte das Ladengeschäft von L. G. Murphy & Co. für nichts weiter als einen Ort der Niedertracht und empfehle die Entfernung dieser Firma aus dieser Reservation." Dem Antrag wurde stattgegeben. Murphy & Co. zogen nach Lincoln, wo sie unverzüglich ein repräsentatives Geschäftshaus errichteten.

Bald hielt ein weiterer Partner Einzug. John H. Riley war als Viehzüchter in die Gegend gezogen, und man war dankbar, diese Seite des Geschäfts jetzt ihm übergeben zu können. Durch den mehr und mehr zunehmenden Alkoholismus Murphys gelang es Dolan schließlich 1877, das Unternehmen aufzukaufen. Von nun an hatte man mit »J. J. Dolan & Co.« zu tun, und Riley wurde Teilhaber.

Aber nicht allein seine Schulden, Murphy, Rosenthal, Jesse Evans und Genossen machten John Chisum zu schaffen. Nach und nach waren kleine Viehzüchter ins County gezogen, hatten den Ort Seven Rivers gegründet und waren damit recht nah an Chisums Reich gerückt. Vielleicht hätte er auch das noch geduldet – was bei einem Mann wie ihm zu bezweifeln ist –, aber ihm riß dann doch der Geduldsfaden, als die Neusiedler begannen, Chisum-Rinder, die sich „verlaufen" hatten, zur Auffrischung ihrer Herden zu benutzen. 1877 fielen die ersten Schüsse.

Als wäre sie nicht kompliziert genug, wurde die Situation von zwei weiteren Hauptfiguren verwirrt. 1875 hatte der 31jährige Rechtsanwalt Alexander A. McSween mit seiner Frau Susan in Lincoln seine Praxis eröffnet. Drücken wir es vorsichtig aus: Er scheint ein Mann gewesen zu sein, der zur Selbstüberschätzung und Überheblichkeit neigte. Aber, und das war für die Kleinsiedler entscheidend, er war kein Murphy-Dolan-Mann und bereit, für sie Prozesse zu führen, um dem Gesetz gegen den nur verlagerten „Ort der Infamie" zur Geltung zu verhelfen. Der Grund dafür mag wohl gewesen sein, daß er, der sich nachweislich geweigert hatte, Fälle zu übernehmen, die ihm bedeutungslos erschienen, hier eine wirkliche Aufgabe, eine Herausforderung erkannte.

L. G. Murphy (sitzend) und John Dolan (stehend).

Im November 1876 betrat die Bühne des anstehenden Spektakels die eigentlich tragische Figur: John H. Tunstall hatte sich entschlossen, im Lincoln County sein Glück zu suchen.

Der 23jährige Engländer war der festen Überzeugung, mit britischem Fairplay und einigen britischen Tricks ausgerechnet dort ein prosperierender Rinderzüchter werden zu können.

Hätte das unter Umständen noch einigen Erfolg versprochen, so beging er, kaum eingetroffen, zwei nicht wieder auszugleichende Fehler.

Von Haus aus war er Kaufmann und hatte noch in Kanada in dieser Funktion gewirkt. Der Gedanke, diesen Beruf – sozusagen als Absicherung – in Lincoln weiter auszuüben, lag nahe, eine gewisse Naivität vorausgesetzt.

Also eröffnete Tunstall, ganz dem Gedankengut des Manchesterismus folgend, ein Geschäft, das Dolan Konkurrenz machen sollte. Das war sein erster Fehler. Da ein Geschäftsmann ohne Zweifel hin und wieder Rechtsbeistand braucht, wählte er McSween als Anwalt und leistete sich damit seinen zweiten Fehler. Daß er sich seiner Fehler nicht bewußt war, läßt sich unschwer an seinen – wohl ehrlich – optimistischen Briefen an seine Familie erkennen.

Ende Januar 1878 ritt ein junger Cowboy namens William H. Bonney auf Tunstalls Ranchhof. Hier nun tauchte Billy the Kid im Spiel auf.

Das Tunstall-Store-Gebäude, wie es heutige Besucher in Lincoln sehen können.

IV.

Dieser junge Mann, dem zuvor bei der Jones-Familie und auf John Chisums »South-Spring-River-Ranch« Unterkunft, Schutz und Arbeit gewährt worden war, hatte jetzt den zweiten und endgültigen Wendepunkt seines Lebens erreicht. Man darf aber nicht vergessen, daß er für seine neue Umwelt zu diesem Zeitpunkt nur als ein ungewöhnlich jung wirkender, etwas heruntergekommener Satteltramp erschien.

Liest man heute, wie ihn, der wahrscheinlich auch kurzfristig mit Jesse Evans und seinen Viehdieben in Verbindung stand, die damaligen Bekannten beschrieben, so ergibt sich ein völlig anderes Bild. Ständig soll er mit seinen beiden (!) Revolvern geübt haben, und selbst reitend hätte er vier von fünf Wildvögeln mit dem Colt getötet. Das teilt zumindest Frank Coe mit. Links vorwärts, rechts rückwärts ließ er seine beiden Sechsschüsser um die Finger wirbeln. Vielleicht war es so – es gibt nur Aussagen dieser Art. Aber man weiß auch, daß sich kein ernstzunehmender „Revolverheld" mit derlei Mätzchen beschäftigte, da er um die Gefährlichkeit seiner Waffe wußte.

In einem allerdings stimmen fast alle Augenzeugen überein: Kid muß ein angenehmer Umgang gewesen sein. Selbst seinem Exekutor Pat Garrett fällt zu seiner Persönlichkeit großenteils nur Vorteilhaftes ein.

Einige Zitate also. Eine Berta Manning, die Kid als etwa Zehnjährige kannte, erinnerte sich:„... er war sehr ruhig, überhaupt nicht anmaßend und freundlich." Auch José Montoya sah ihn mit dem Scharfblick eines Kindes:„Er war ein netter Kerl und bei den Einheimischen (Hispanos) sehr beliebt." Von Mrs. Susan McSween wissen wir, daß gerade „die Mexikaner ihn (liebten), da er ihnen immer freundlich und rücksichtsvoll begegnete und ihnen auch mit Vergnügen half".

Nach der Vorstellung seines Wesens aus der Sicht von Zeit- und Augenzeugen (die – es sei zugegeben – die andere Wesensseite nur noch rätselhafter werden läßt), soll noch ein Blick auf sein Äußeres geworfen werden. Bis heute gibt es nur eine Fotografie, deren Authentizität historisch abgesichert

Der alte Dolan Store, das spätere Court House von Lincoln, heute.

werden kann. Seltsamerweise wird sie nur äußerst selten publiziert. Statt dessen erscheint in den meisten Veröffentlichungen eine schaurig retuschierte Fassung dieses Bildes, das die Sammlung der University of Oklahoma zu verantworten hat, die auf derlei Dinge offensichtlich spezialisiert ist. Aber auch die University of Arizona ist im Besitz einer – zugegeben weniger stark – bearbeiteten Variante. Darüber hinaus scheinen sich auch Berufene bemüßigt gefühlt zu haben, Kids Aussehen nach ihrem Geschmack zu verändern.

Walter Noble Burns (ein großer Autor trotz seiner mehr als wahrscheinlichen Schwindeleien) teilt mit, daß das einzig wahre Lichtbild Billy the Kids irgendwann im Jahr 1880 in Fort Sumner neben *»Beaver Smith's Saloon«* von einem der damals tätigen Wanderfotografen aufgenommen worden sei – und das klingt sehr glaubhaft. In einem 1907 von George B. Anderson herausgegebenen Buch findet sich eine geringfügig veränderte Variante – der Computer entdeckte es –, deren Vorlage offensichtlich verschollen ist. Wie jedermann sich beim *»Lincoln County Heritage Trust«* überzeugen kann, ist das Original eine Daguerreotypie, was rein technisch bedeutet, daß davon erstens keine Abzüge möglich sind, und zweitens das abgebildete Objekt seitenverkehrt erscheint.

Zu „erstens": Da die eben genannte Schwierigkeit nun bestand, wurden in der Zeit vor der segensreichen Erfindung des Mrs. Eastman („You press the button, we do the rest.") von den professionellen Portraitfotografen gern Kameras mit bis zu sechs Objektiven benutzt, die dieselbe Person aufnahmen, wenn auch mit dem Auge nicht erkennbaren Verschiebungen. Pro geöffnetem Objektiv bezahlte man – wie heute pro Abzug. Keiner weiß, wie viele Kameraaugen Kid, oder wer auch immer ihn veranlaßt hatte, sich fotografieren zu lassen, hat öffnen lassen. Von zweien wissen wir, aber vielleicht gibt es mehr. Das bleibt abzuwarten.

Zu „zweitens": Hieran ist sehr einfach zu beweisen, daß „the left-handed gun" nie existierte. Kid war Rechtshänder, wie unschwer am Ladeschlitz seiner Winchester zu erkennen ist. Im Laufe der Zeit, mit wachsendem Interesse an der Gestalt Billy the Kids, tauchten immer mehr Fotos auf, die ihn zeigen sollten. Soweit ich informiert bin, sind es jetzt sieben. Zwei davon gelten als sehr „likenesses", wie man damals sagte. Der Rest ist umstritten, aber die Computerleute sind an der Arbeit.

Auch wenn immer wieder retuschierte Versionen auftauchen: Dies ist das Original, das authentische Foto Billy the Kids. (Lincoln County Heritage Trust)

Auf diesem ausführlich besprochenen Bild trägt Kid Cowboykleidung. Vielfach hört und liest man, er sei – zumindest auf den sogenannten »bailes«, den Tanzvergnügungen der Gegend oder bei entsprechenden anderen Gelegenheiten – recht elegant aufgetreten, als hätte er es nötig gehabt, die Herzen der »ninas« noch höher schlagen zu lassen. Aber es scheint, daß er gute Kleidung zu würdigen wußte.

Zwei Dinge von Interesse seien noch angesprochen. Welcher Waffen bediente er sich? Auf dem eben zitierten Foto ist unschwer eine Winchester Rifle Modell 1873 zu erkennen, die er, wie man weiß, fast häufiger benutzte als seinen Revolver. Fachleute unterstützen den Betrachter im Verdacht, daß er im Holster einen .44er oder .45er Colt Single Action Army trägt. Das kollidiert nun allerdings frontal mit der Behauptung vieler Leute, daß seine Lieblingswaffe ein .41er Double Action Colt Thunderer oder ein .38er Colt Lightning gewesen sei. Aber es ist immerhin möglich, daß er im Laufe seiner – wenn auch kurzen – Karriere mehrere Waffen besaß oder benutzte und einige dieser Waffen bestimmten Zeitgenossen besonders auffielen, auch wenn sie ihn nur einmal sahen.

Tascosa Texas

Thursday Oct 4th
1878

Know all persons by these presents that I do hereby Sell and deliver to Henry F. Hoyt one Sorrel Hosse Branded BB on left hip and other indistinct Brands on Shoulders for the Sum of Seventyfive dollars. in hand recieved

W H Bonney

Witness Jos E McMasters
Geo F Howard

The above is The handwriting of the Outlaw known as "Billy the Kid"
H F H

In Tascosa, Texas, schrieb William H. Bonney, alias Billy the Kid, diese „Quittung" für Doc Henry F. Hoyt für den Verkauf eines Pferdes für 75 Dollar.

Eine weitere Schwierigkeit, der man gegenübersteht: Wieso nannte er sich plötzlich William H. Bonney? Die Antwort darauf ist sehr einfach: Man weiß es nicht. Überlegungen sollten dennoch erlaubt sein. Mancher Autor stellt die These auf, daß Kid den Namen eines Onkels übernommen habe. Diese Annahme ist legitim, denn alle Bonneys scheinen aus Irland ausgewandert zu sein. Im Dubliner Telefonbuch findet sich heute nur noch einer (und sechs Bonnies). Es scheint also kaum wahrscheinlich, daß es einen irischen Onkel dieses Namens gab. Davon abgesehen hat man im Dubliner »Directory« die Auswahl unter etwa 700 McCarthys, aber kein McCarty hat dort sein Zuhause.

Soviel sei angemerkt zum (s. o.) irischen Dialekt und der Aufnahmefähigkeit der Einwanderungsbeamten auf Ellis Island. Vergessen werden darf gewiß nicht, daß viele – nicht nur irische – Einwanderer ihren Namen nicht buchstabieren konnten. Wahrscheinlich also wurde in den USA aus dem ursprünglichen McCarthy unser McCarty wie aus dem deutschen Müller plötzlich ein Muller wurde.

Könnte es nicht einfach so gewesen sein, daß er, der offensichtlich von den meisten Geschätzte, das irisch-schottische Wort für „schön, angenehm" (bonny) sich zu eigen machte, dem „y" ein „e" voranstellte, da seine Orthographie – wie man weiß – nicht ganz überzeugend war, den Namen William von seinem Stiefvater übernahm und die *middle initial* ganz einfach „Henry" heißen soll?

Tunstall, Kids neuer Freund, erwähnt ihn seltsamerweise mit keinem Wort und keinem seiner Namen in einem seiner minutiösen Briefe an die Familie in England.

Über andere Partizipanten der sich entwickelnden Auseinandersetzung erfährt man in diesen Briefen allerdings einiges. Am 29. November 1877 schrieb Tunstall:„Zwei meiner Pferde und ein Paar meiner ausgezeichneten Maultiere waren von einigen Desperados namens Jesse Evans und Frank Baker gestohlen worden, die zu einer sehr zahlreichen (alles in allem 100 Mann) gehören, die in diesem Land Vieh stiehlt und es in Mexiko verkauft und mexikanisches Vieh hier verkauft. Wie es scheint, hatten sie gedroht, McSween & Brewer und ‚diesen Engländer' bei der ersten Gelegenheit zu erschießen. Sie wurden von einigen Leuten, die wir sehr gut kennen, veranlaßt, diese Drohungen auszustoßen. Mit diesen Leuten hat Brewer ziemliche Schwierigkeiten wegen einer Ranch, und McSween klagt gegen sie. Ich habe ihnen ihr Geschäft fast völlig verdorben; Evans & Baker kannten weder McSween

Der Palast des Gouverneurs von New Mexico in Santa Fé zur Zeit von Gouverneur Lew Wallace und Billy the Kid.

So sieht der alte Gouverneurssitz in Santa Fé heute aus. (Gleiche Perspektive wie auf dem alten Bild.)

noch mich; es scheint fast darauf hinauszulaufen, daß man sie angeheuert hat, uns zu töten."

Es ist unschwer zu erahnen, wer hinter diesem Komplott steckte: der »Santa-Fé-Ring«, Dolan & Company. Die Geschäftsfreunde Tunstall und McSween hatten sich offensichtlich zu weit vorgewagt. Dennoch verließ Tunstall der Optimismus nicht. In seinem Brief vom 22. Januar 1878 schrieb er an seinen Vater:„Seit ich Dir das letzte Mal schrieb, habe ich bis zum Hals in Problemen und Widrigkeiten gesteckt, aber mit meinem Glück scheint es für mich weiter gut zu laufen, was einem anderen wohl nicht so gelänge." Als er die Feder aus der Hand legte und Streusand auf dem Papier verteilte, um die Tinte schneller trocknen zu lassen, hatte er noch 27 Tage zu leben.

Die Probleme, von denen er spricht, bezogen sich auf eine Lebensversicherung, an der Dolan Interesse hatte, die von McSween auch erfolgreich eingetrieben worden war, der sich aber weigerte, die anstehenden Gelder zu zahlen, bevor er sein Honorar erhalten hätte. Die Folge war ein Aufrüsten beider Seiten. Der eigentliche Katalysator der Gewalt war allerdings ein Gerichtsbeschluß, der vorsah, daß der entsprechende Gegenwert der anstehenden Summen bei McSween gepfändet werden sollte.

Lincolns Sheriff Brady formierte sofort eine Posse und stellte in McSweens Haus sämtliche Wertgegenstände sicher. Da diese aber nicht ausreichten, um die einzutreibenden Gelder abzudecken, hielt er sich sogleich an den nebenan gelegenen Store Tunstalls, wohl mit der Überlegung, daß der doch schließlich McSweens Partner wäre. Den vierfachen Gegenwert der eigentlich zur Debatte stehenden Summe hatte er schließlich beschlagnahmt.

Tunstall war empört, und da er ohnehin dazu neigte, nur sich selbst wirklich wichtig zu nehmen und nicht gewillt war, einen derart drastischen Eingriff in seine Finanzangelegenheiten widerspruchslos zu akzeptieren, brach er sofort nach Lincoln auf. Aufgrund seiner Vorhaltungen und Drohungen und wohl auch wegen der überzeugenden Argumentation zweier Winchestergewehre und zweier Revolver, deren Besitzer, Billy Bonney und Fred Waite, im Türrahmen lehnten, erklärte sich Brady bereit, sechs Pferde und zwei Maultiere wieder an Tunstall zu übergeben.

Vorerst schien sich alles beruhigt zu haben. Kid und Fred Waite bereiteten ernstlich den gemeinsamen Aufbruch ins Rio Penasco Valley vor, um dort, wie schon länger geplant, eine eigene Ranch zu gründen. Das jedoch sollte sich zerschlagen.

Eine Posse aus Lincoln unter Billy Mathews – er war stiller Teilhaber Dolans –, der sich auch Jesse Evans und einige seiner Kumpane beigesellt hatten, erschien vor der Tunstall-Ranch, zog aber, trotz hochgeputschter Emotionen bald wieder ab.

Schließlich entschloß sich Tunstall, die wiedererlangten Pferde nach Lincoln zu bringen.

Am Morgen des 18. Februar brachen er und seine Wranglers auf. Inzwischen war aber die Mathew-Posse auf dem Weg, um die Pferde ohne Umschweife dem – wie sie meinten – eigentlichen Besitzer zuzuführen. Als die Dämmerung dieses kalten Wintertags hereinbrach, kam es dann zum Eklat. Ein Teil der Tunstall-Gruppe jagte wilden Truthühnern nach, die ihnen ein herzhaftes Nachtmahl zu versprechen schienen, und Kid war mit John Middleton ohne eigentlichen Grund zurückgefallen, als die beiden von einer Hügelkuppe aus eine größere Gruppe Reiter heransprengen sahen. Es scheint ihnen sofort klar gewesen zu sein, um wen und um welche Gefahr es sich handelte, da sie unverzüglich Deckung suchten, um sich des drohenden Überfalls zu erwehren.

Middleton versuchte noch, den weit vorausreitenden Tunstall zu warnen, indem er ihm zurief, in welcher Bredouille er sich befände. Aber die Entfernung war wohl zu groß.

Tunstalls letzte überlieferte Worte sind:„What John? What John?" Seine Mörder waren Billy Morton, Jesse Evans und Tom Hill.

V.

Jetzt erst entsteht recht eigentlich die Saga von Billy the Kid. War er bisher ein jugendlicher Ausreißer, ein Tramp, ein Cowboy unter vielen, so ist doch unverkennbar, daß sich seine Persönlichkeit nach dem Tunstall-Mord zu verändern begann. Es ist kaum anzunehmen, daß Kid die gesamte Problematik des schwelenden Konfliktes durchschaute, was man von ihm wohl auch nicht erwarten konnte. Interessant ist allerdings, die Genesis eines 18jährigen Niemands zu verfolgen, der ein amerikanischer Nationalheld wurde.

Kids Entwicklung zum Helden scheint offenbar mit seiner Äußerung begonnen zu haben:„Einige von ihnen erwische ich vor meinem Tod." Da er sich auf die Mörder Tunstalls bezog, hat er aller Wahrscheinlichkeit nach Recht behalten.

Für ihn war Tunstall – der, wie wir wissen, nur wenig älter war – eine Art Vorbild. Ähnlich hatte Kid schon auf »Sombrero Jack« reagiert, doch hat er den sonst eher kühl-überheblichen Rancher, der ihm auch noch eine Art Heimat bot, wohl wirklich außergewöhnlich geschätzt. Tunstall hatte Kid seinen Stempel aufgedrückt. Der Zeitzeuge Add Casey erkannte den Tramp, den er Ende 1877 in Seven Rivers traf, kaum wieder. Kid war ein „Gentlemen" geworden.

Nach Tunstalls Tod war nun McSween der führende Kopf der Anti-Dolan-Liga. Wahrscheinlich war er das zuvor auch schon gewesen, obwohl es schwer fällt, die beiden Hitzköpfe gegeneinander aufzurechnen.

Anfangs versuchte Kid mit einigen Vertrauten auf eigene Faust, Rache zu nehmen, hatte sich aber wohl noch selbst überschätzt. Außer:„Schießt doch, ihr Hurensöhne, wir werden's euch schon zeigen!" kam dabei nicht viel heraus. Bis dann die »Regulators« unter Dick Brewer (im eigenen Interesse zwar, aber trotzdem) für McSween Partei ergriffen.

Kid war einer der vordersten Protagonisten. Auf einem ihrer Streifzüge erwischten sie den von ihnen am meisten gesuchten Mann: den Mörder Tunstalls, Billy Morton. Mit ihm zusammen wurde

Frank Baker in Gewahrsam genommen, der ihnen auch nicht unbekannt war. Beide sollten nach Lincoln gebracht werden. Da Morton der festen Überzeugung war, er werde dort nicht lebend ankommen, schrieb er einen Abschiedsbrief an einen Freund in Richmond, Virginia. Er wußte offenbar seine Gegner richtig einzuschätzen – weder er noch Baker überlebten den Ritt nach Lincoln.

Beide Morde werden in der Regel Kid angelastet, der vielleicht daran beteiligt war, aber sicher nicht als einziger schoß oder auch nur den Befehl gab. Dick Brewer war der Chef. Aber Billy Bonney hatte wahrscheinlich das zweite Mal Menschen getötet. Es sollte nicht das letzte Mal sein.

Der Sheriff des Lincoln County hieß, wie schon bekannt, William Brady. Er stand auf Dolans Seite – auch das wissen wir. Doch er war, was sich nicht bezweifeln läßt, ein sehr ehrenwerter Mann. In Irland geboren, diente er in Amerika lange Jahre in der Armee, ließ sich nach seinem ehrenvollen Abschied in New Mexico nieder und zwar ausgerechnet in einem Örtchen namens La Placita. Dort wurde er einer der angesehensten Bürger und blieb es auch, als die Ortschaft in Lincoln umbenannt wurde.

Man wählte ihn zum Sheriff, er vertrat das Lincoln County in Santa Fés Legislative und war – nun wird es für dieses Thema spannend – mit Lawrence G. Murphy befreundet und bei ihm verschuldet. Eine Ursache dafür war ohne Zweifel, daß beide Iren waren und den Alkohol nicht verabscheuten. Riley kam dazu, Dolan übernahm das Geschäft – alles in irischer Hand. Kann sein, daß sich die Gruppe so oder ähnlich bildete. Andererseits war Billy Bonney auch irischer Abstammung. Ob es nun so war oder ganz anders – Brady hielt der Murphy-Dolan-Seite die Treue, verletzte dabei aber nie das Gesetz, obwohl seine Auffassung desselben heute zumindest umstritten wäre.

Am 1. April, etwa um neun Uhr morgens, ging Sheriff Brady gemeinsam mit vier Deputies zum Gerichtsgebäude. Dummerweise waren drei seiner Gehilfen ein rotes Tuch für die »Regulators«: Da war zum Beispiel Billy Mathews, der Führer der feindlichen Posse. Da war George Hindman, der in einer Parallelposse geritten war. Und da war schließlich George Peppin, der den Tunstall-Store mit besetzt hatte. Nur Brady und ein Deputy namens John Long hatten bisher aus der Sicht der »Regulators« keinen allzu großen Dreck am Stecken.

Als die fünf Männer die Adobemauer rechts des Tunstall-Stores passierten, krachten die Schüsse. Brady wurde von fast einem Dutzend Kugeln um die eigene Achse gerissen, und den hinter ihm gehenden Hindman traf ein Schuß. Als der Salooner Ike Stockton nach draußen stürmte und Hindman hochriß, um ihn in Sicherheit zu bringen, wurde der Deputy tödlich getroffen. Die drei Sheriffgehilfen konnten sich in Sicherheit bringen.

In diesem Moment flankten The Kid und Jim French über besagte Adobemauer, liefen auf Brady zu, und Kid schien dessen Winchester ergreifen zu wollen. Da knallte wieder ein Schuß, den der sich in Sicherheit wähnende Mathews abfeuerte. Die Kugel durchschlug Kids und Jims Oberschenkel. Beide ergriffen humpelnd das Hasenpanier.

Es stellt sich jetzt natürlich die Frage, warum die beiden ihr Leben einsetzten, um ausgerechnet Bradys Gewehr zu bekommen. Viel wahrscheinlicher ist, daß sie die betreffenden Haftbefehle an sich bringen wollten.

Brady und Hindman waren tot. Die Attentäter waren Billy Bonney, Frank McNab, John Middleton, Fred Waite, Jim French und Henry Brown. Und Lincoln kochte. Ob nun McSween hinter diesen Morden stand oder nicht – sein Ansehen war im Ort auf den Nullpunkt gesunken.

Gerade Bradys Ermordung wird in Lincoln bis heute nicht verstanden. Viele Bürger denken ähnlich, wie es Robert Brady, dem Sohn des Sheriffs, über die Lippen kam, als er 1937 über den Vorfall befragt wurde:„Ich habe sie immer gehaßt, weil sie meinen Vater getötet haben."

Zu diesem Zeitpunkt war Billy Bonney übrigens keineswegs bekannt. Er galt nicht mehr – eher weniger – als seine Kumpane oder Gegner. Aber, wie man so sagt, er war „im Kommen".

Und dann geschah etwas Unerwartetes. Einer der Dolan-Posse-Mitglieder namens Andrew L. »Buckshot« Roberts hatte auf der Sägemühle des ehemaligen Zahnarzts Dr. Joseph H. Blazer Zuflucht gesucht. Am 4. April waren die Regulators plötzlich da. Selbst Kid und Jim French waren, trotz ihrer Verwundungen, mitgeritten.

Um eine lange Geschichte kurz zu erzählen: Nicht nur Roberts verlor sein Leben, sondern auch Dick Brewer. Und kaum jemand im County applaudierte. Roberts hatte sich allein einer großen Übermacht widersetzt und war unterlegen. Aber, und das galt dort und damals etwas, er hatte gekämpft bis zuletzt. Auch dies erwies sich wieder als eine Schlappe für die McSween-Partei.

Wegen des Mordes an Sheriff Brady wurden Haftbefehle auf Kid, John Middleton und Henry Brown ausgestellt. Den Tod Hindmans lastete man Fred Waite an.

Aber auch Dolan & Company konnten das langsame Sinken ihres Sterns mit beeindruckender Stetigkeit verfolgen. Ihre besten Männer wurden ihnen durch Tod oder Gefängnis entzogen (Hill und Evans). Dolan selbst machte gemeinsam mit seinem Partner Riley Pleite. Tom Catron, bei dem sie verschuldet waren, ließ den Laden in Lincoln schließen. Als reiche dies alles nicht, brach Dolan sich auch noch ein Bein, und als letzte Feinheit wurde John Copeland als Sheriff eingesetzt, ein Mann von äußerst schwach ausgeprägter Willenskraft und entsprechendem Verstand, dessen Dienste sofort Alexander McSween für sich okkupierte. Die Partie schien Remis zu stehen.

Wie bei einem Moorfeuer jedoch schwelte die Glut im Untergrund weiter und brach ständig wieder an die Oberfläche. Verschiedentlich kam es zu bewaffneten Auseinandersetzungen.

Daß letztlich im »Lincoln County War« – eine Bezeichnung, die damals schon gebräuchlich war – der große Showdown herbeigeführt wurde, fand seinen Grund jedoch keineswegs in den Schießereien zwischen Revolvermännern zweifelhaften Rufes. Wie bei Schwierigkeiten dieser Art im Westen bewährt und als erfolgreich anerkannt, zogen Politiker im Hintergrund die Fäden, und Militärs neigten dazu, einen Knoten in diese Fäden zu knüpfen.

Pat Garrett mit seiner Frau Apolinaria Gutiérrez im Januar 1880.

Mit hoher Wahrscheinlichkeit authentisches Foto von Billy the Kid. (Creative Publishing Co., College St., Texas)

VI.

Zum Militär: Der neue Kommandant von Fort Stanton hieß Lieutenant Colonel Nathan A. M. Dudley. Er war gewiß voll guter Vorsätze, doch denen scheint sein Charakter entgegengewirkt zu haben. Eitelkeit war einer seiner hervorragendsten Züge. Er hielt sich selbst für überaus wichtig, und er mochte McSween nicht, in dem er sich selbst wiedererkannt haben mag.

Zur politischen Seite: Dolan hatte inzwischen in Santa Fé seine Fühler ausgestreckt. Er war nicht der Mann, der sich in die Ecke drängen ließ, bis es quietschte, und er kannte schließlich wichtige Männer, die dem »Ring« nicht ganz gleichgültig gegenüberstanden. Kurz, es gelang ihm, sowohl Staatsanwalt Catron – trotz vorhergegangener Diversitäten – als auch Gouverneur Axtell davon zu überzeugen, daß Sheriff Copeland bisher nicht seine Kaution hinterlegt hatte. Einerseits stimmte das, und zweitens war das in der Tat eine Auflage, die jeder Sheriff innerhalb von dreißig Tagen zu erfüllen hatte. Copeland wurde abgesetzt.

Sein Amtsnachfolger hörte auf den Namen George W. Peppin und hätte wesensmäßig als Copelands Doppelgänger auftreten können: seine Intelligenz ließ einiges zu wünschen übrig, und beeinflußbar war er auch, nur daß diese Schwäche in seinem Fall von Dolan ausgenutzt wurde. Also kein Remis mehr. Dolan hatte „Schach" geboten.

Am 15. Juli 1878 begann dann auch eine Ungeheuerlichkeit, die als *»Battle for Lincoln«* in die Geschichte eingegangen ist.

Sheriff Peppins Posse ritt an diesem heißen und windigen Tag in Lincoln ein, um die Haftbefehle gegen Billy Bonney und andere durchzusetzen, und eröffnete sofort das Feuer. McSween war im April zwar offiziell von jedweder Anklage freigesprochen worden, aber viele seiner Anhänger und „Bodyguards" hätten das Gesetz gern in seiner Obhut gewußt. Aus heutiger Sicht erscheint es allerdings etwas prekär, daß die Staatsgewalt ebenfalls einige Leute in ihren Reihen zählte, die sie angeblich wegen des Tunstall-Mordes suchte. Es erübrigt sich, darüber empört zu sein, denn es ging hier nicht um Law and Order, sondern einzig und allein um die Geschäftsinteressen verschiedener Gruppen. Auch jetzt war wieder tragisch, daß Kid und einige seiner Kleinrancherfreunde das offenbar mißverstanden hatten.

Nach dem Auftauchen der Posse verteilte sich die McSween-Anhängerschaft fluchtartig auf verschiedene Häuser: das Montana Store, das Ellis-Haus und überwiegend auf McSweens Haus.

Alles in allem waren es 60 Männer, denen etwa 40 Peppin-Gehilfen gegenüberstanden, die allerdings den Vorteil hatten, daß sie die Belagerer waren. Und diese Belagerung zog sich hin. Doch bereits am ersten Tag unterlief den Eingeschlossenen ein böser Fehler: sie schossen auf einen Boten Colonel Dudleys, der Peppin die Kanone verweigern sollte, um die er gebeten hatte. Zu allem Überfluß ereignete sich am nächsten Tag ein ähnlicher Zwischenfall. Es fällt nicht schwer, sich Dudleys Gemütszustand vorzustellen. Doch seine Befehle aus Santa Fé waren eindeutig: keinerlei Einmischung der Armee!

Nachdem der Kampf in Lincoln – es hatte mehrere Tote und Verwundete auf beiden Seiten gegeben – schon gut vier Tage gedauert hatte und täglich neue Hilferufe der Bevölkerung auf seinem Schreibtisch lagen, faßte Dudley, mutig und besten Gewissens, den einsamen Entschluß, einzugreifen. Zum Friedensstifter wäre er sicherlich befähigt gewesen, hätte ihm nicht wieder sein Hang zum Bombast einen Strich durch die Rechnung gezogen: Er mußte wohl, begleitet von vier Offizieren und etlichen Soldaten, durch Lincoln paradieren; mußte wohl Peppin unter Waffenschutz in sein Lager geleiten lassen; mußte wohl befehlen, jeden Schuß in Richtung Soldaten als Provokation der Armee zu verstehen. Peppins Leute schossen nur in Richtung McSween. Dessen Frau Sue, ebenfalls eingeschlossen, sagte zur Stimmung im Haus: „Wir waren alle wie aufgescheucht."

Kein Wunder.

McSween sandte daraufhin eine Botschaft an Colonel Dudley: „Wären Sie so freundlich, mir mitzuteilen, warum mein Haus von Soldaten umzingelt wird? Bevor mein Eigentum in die Luft gejagt wird, wüßte ich gern den Grund dafür. Der Constable ist hier und hat Haftbefehle für Sheriff Peppin und seine Posse wegen Mordes und Diebstahls."

Dudley antwortete schlicht, daß keine Soldaten das Haus umzingelten und es McSween freistände, sein Haus in die Luft zu jagen, solange keine Soldaten dabei gefährdet würden.

Es wurden keine Soldaten gefährdet. Am Abend des 19. Juli ging das Haus in Flammen auf, ohne daß – so heißt es offiziell – auch nur eine Uniform in der Nähe gesichtet wurde. Alexander McSween war das erste Opfer, als Peppins und Dolans Leute unter dem Schutz der Flammen eindrangen.

Seine letzten Worte waren:„I surrender, oh, my God, save me." (Ich ergebe mich, oh, mein Gott, rette mich!)

Viele andere wurden in dem folgenden Melée ebenfalls der großen Mehrheit beigesellt. Von allen Seiten krachten die Schüsse, viele Fluchtversuche scheiterten.

Kid gelang die Flucht aus der völlig aussichtslosen Lage gemeinsam mit einigen anderen. Das war ein weiterer – allerdings sehr hastiger – Schritt zur Legende.

Neunundfünfzig Jahre später zum Beispiel war das einzige, was Manuel Aguilar von den Vorfällen erinnerte:„Zu jener Zeit weiß ich noch sehr gut, daß das McSween-Haus brannte... Später erzählte man uns, daß die Murphy-Gang das Haus verbrannt, Mr. McSween umgebracht und Iginio (sic!) Salazar verwundet hätte – und das Billy the Kid unverletzt aus dem Gebäude entkommen sei."

Zehn Monate später sagte Kid bezüglich Colonel Dudleys Verhalten vor Gericht aus. Er behauptete, drei Soldaten bei der Erstürmung des McSween-Hauses gesehen zu haben. Mag sein, aber er war Partei. Von Interesse ist seine Antwort auf die Frage:„Über die Namen hinaus, die Sie hier angegeben haben (Bonney und Antrim), sind Sie bekannt oder nennen Sie sich im Lincoln County the Kid?" – Antwort:„Jawohl, das bin ich. Aber soweit ich weiß, nicht als Billy the Kid."

Offensichtlich schien sich der Name »Billy the Kid« trotzdem schon durchzusetzen, sonst hätte er es nicht negieren müssen.

Obwohl der Lincoln-County-Krieg, wie zu erwarten, nicht nur die überhängenden Früchte, sondern den ganzen Baum in den Garten des »Santa-Fé-Rings« geweht hatte, blieben noch einige Gärtner enttäuscht zurück. Nicht selten ist in der Geschichte zu beobachten, daß gerade die durch widrige Umstände Entwurzelten und ihres Glaubens Entrissenen bereit sind, auf Gedeih und Verderb weiterzukämpfen. In den meisten Fällen fehlt nur ein geeigneter Führer. In diesem Fall gab es einen: Billy »the Kid« Bonney.

Obwohl erst achtzehn Jahre alt, war er im wahrsten Sinne des Wortes durchs Feuer gegangen und schien keinen Gedanken ans Aufgeben zu verschwenden. Nur ein gemeinsames Ziel hatten sie nicht mehr. So führte Kid die Regulators zurück in die gemeine Kriminalität. Nichts Schlimmes beileibe: Pferde- und Viehdiebstahl, wahrscheinlich auch Falschspiel. Das alles spielte sich zwischen der Gegend um Fort Sumner im Nordosten New Mexicos und dem Panhandle im Norden von Texas ab.

Ein beliebter Rinderlieferant war John S. Chisum, mit dem Kid glaubte, abrechnen zu müssen, da er ihm einmal Versprechungen gemacht hätte, die er nicht einhielt. Wir kennen diese Versprechungen nicht, aber es scheint einiges an Billy Bonneys Aussage zu stimmen, da er bis zu seinem Tode diese Behauptung zu wiederholen pflegte.

Das Maxwell-Haus in Fort Sumner. Vorn links das Zimmer, in dem Kid erschossen wurde. Das Haus steht nicht mehr.

VII.

Im Dezember 1878 entschied sich Kid – aus welchen Gründen ist unbekannt – wieder ins Lincoln County zu gehen. Und geriet – „natürlich" ist man versucht zu sagen – gleich wieder in Schwierigkeiten. Er war Zeuge, als in Lincoln der Anwalt Huston Chapman erschossen wurde. Gleichzeitig versuchte der neue Gouverneur Lewis Wallace mit aller Macht, dort Ordnung zu schaffen, indem er eine Generalamnestie für alle erließ, die nicht bereits verurteilt waren.

Kid schrieb daraufhin an Wallace:„Ich möchte nicht mehr kämpfen; ich habe wirklich keine Waffe seit Ihrer Proklamation mehr erhoben. Was meinen Charakter betrifft, können Sie sich bei jedem Bürger erkundigen, von denen die meisten meine Freunde sind und mir, soweit sie konnten, geholfen haben. Ich heiße Kid Antrim, doch Antrim ist der Name meines Stiefvaters."

Und das Wunder geschah: Lew Wallace, Autor des »BEN HUR«, und Kid Antrim, zu diesem Zeitpunkt keineswegs berühmt, trafen sich in Lincoln und einigten sich. Kid sollte bezeugen, wer Chapman erschossen hätte (Billy Campbell) und dafür von allen möglichen Verbrechen amnestiert werden. Nur sollte er erst mal ins Gefängnis gehen. Die Leute könnten mißtrauisch werden, und dann diene es ja auch noch seinem persönlichen Schutz.

Kid willigte in seiner Arglosigkeit ein – und landete schließlich in Juan Patróns Haus, das als Gefängnis dienen sollte, was es natürlich nicht war. Kid hatte Besuch, zu essen und trinken, was er wollte, wahrscheinlich auch Frauen, und konnte sogar ausgehen. Aber er hielt sein Wort. Er sagte nicht nur in der Chapman-Sache aus, wie er versprochen hatte, er versuchte auch seine Sicht der Fünf-Tage-Schlacht zu vermitteln.

Als er allerdings merkte, daß die Absicht bestand, ihn zum einzigen Sündenbock zu stempeln, verließ er gemeinsam mit seinem Freund Doc Scurlock sein Gefängnis, bestieg sein Pferd und verließ Lincoln, während der neue Sheriff Kimball zufällig in eine andere Richtung schaute.

Gouverneur Lewis Wallace. Er sollte im Lincoln County
Ordnung schaffen und traf sich mit Billy the Kid.

Santa Fe
Jan." 1"
1881
Gov." Lew Wallace
Dear Sir
I would like to see you
for a few moments if you can
spare time
Yours Respect:"
W. H. Bonney

Brief Billy the Kids an den Gouverneur vom 1. Januar 1881
mit der Bitte, sich mit ihm zu treffen.

Und wieder begann er sein Outlawleben. Was blieb ihm auch übrig – letztlich kannte er nichts anderes. Wieder wurde Fort Sumner sein Hauptquartier. Einen feinen Unterschied gab es allerdings inzwischen: Er hatte sich einen Namen gemacht. Und seinen Charme nicht verloren.

Paulita Maxwell, Sproß der Fort Sumner und Umgebung beherrschenden Sippe der Maxwells, beschrieb das so:„Billy the Kid faszinierte Frauen. In jedem *placeta* (Nest, Kaff, Dörfchen) in der Pecos-Gegend war eine kleine Señorita stolz darauf, seine *querida* (Geliebte) zu sein." Paulita hat vergessen, uns mitzuteilen, daß auch sie seine *querida* war.

Zwei weitere Namen sollen noch genannt werden, da sie für Kids Biographie von Bedeutung sind: Celsa Gutiérrez hatte beispielsweise eine Schwester, die mit Pat Garrett verheiratet war. Und Abrana Garcia gebar Kid zwei Töchter, die aber beide an Diphterie starben. Die Liste ist unschwer fortzusetzen.

Neben Fort Sumner hatte Billy Bonney weitere Orte, die er sich als Standquartiere auswählte. Unübersehbar hat er in Las Vegas, New Mexico, seine Spuren hinterlassen, die auch einigen Aufschluß über seine damalige Tätigkeit geben. In den Gerichtsakten des San Miguel County finden sich mehrere ihn betreffende Anklagen. Sie umfassen die ganze Bandbreite der Verfehlungen eines Cowboy-Outlaws: Rinder- und Pferdediebstahl, illegales Glückspiel. Auch das letztere scheint er professionell betrieben zu haben, denn ein forensischer Vorwurf betraf das „Keeping (of a) gaming table". In diesen offiziellen Papieren erscheint er als „William Bonney" oder „The Kid".

Erst von einem ihm unzweifelhaft anzulastenden Totschlag war bisher die Rede. Bei allen anderen war er – vielleicht oder wahrscheinlich, das hängt von der jeweiligen Interpretation der Vorfälle ab – beteiligt. Im Januar 1880 erschoß er nachweisbar einen zweiten Mann.

Die Fakten: »The Weekly New Mexican« berichtet:„Billy Bonney, besser bekannt als »the Kid«, erschoß Joe Grant. Die Ursache der Auseinandersetzung kennen wir nicht." Kurz darauf veröffentlichte »The Las Vegas Daily Optic« Kids persönlichen Kommentar, den er auf dem Postamt von Sunnyside abgegeben haben soll, als ihn der Postmeister Rudolph fragte, was denn der Grund der Schießerei gewesen sei:„Oh, eigentlich nichts; das war 'ne Sache zwischen zwei Leuten, und ich war erster." Es

BILLY THE KID.

—

$500 REWARD.

I will pay $500 reward to any person or persons who will capture William Bonny, alias The Kid, and deliver him to any sheriff of New Mexico. Satisfactory proofs of identity will be required.

LEW. WALLACE,
Governor of New Mexico.

Der einzige nur auf Billy the Kid bezogene Steckbrief, der für seine – lebende – Ergreifung 500 Dollar Belohnung versprach. Er wurde lediglich in den Zeitungen New Mexicos abgedruckt.

existiert das häßliche Gerücht, das Kid Grants Revolver so manipuliert hätte, daß der Hammer auf eine leere Kammer fallen mußte. Auszuschließen ist ein solches Vorgehen Bonneys sicher nicht.

Übrigens: Das damalige Sunnyside ist das heutige Fort Sumner. Old Fort Sumner gibt es nicht mehr, abgesehen von einem Touristenladen/Museum, einem kleinen Friedhof mit u. a. Billy the Kids Grab und viel Wind.

In diesen zwei Jahren 1879/80 sind es – historisch gesehen – überwiegend kleinere Zwischenfälle, die das öffentliche Interesse auf Kid lenkten. In Albuquerque „genoß (er) die Gastfreundschaft Sheriff Armijo(s)", wie »The Advance« meldete, konnte sich ihr aber entziehen, da er der „County-Pension müde" wurde. Auch die Gefängnisse von Trinidad und Las Vegas scheinen ihn nicht begeistert zu haben. Ohne Hilfe von Freunden wäre ihm wohl kaum einer der Ausbrüche gelungen. Andererseits gab es häufig genug diese seltsame doch wohlbekannte Mischung aus ordentlichen, staatstreuen Bürgern und absoluten Tunichtguts, die ihn am liebsten gelyncht hätten.

In diese Zeit fällt auch das Erscheinen des einzigen, auf ihn allein bezogenen Steckbriefs. Kein Sheriff hat diesen jedoch, weitere Nägel zwischen die Zähne geklemmt, mit dem Griff seines Revolvers an die nächste Scheunenwand genagelt. Nur die Zeitungen New Mexicos veröffentlichten das Angebot des Gouverneurs Wallace, Billy the Kid (sic!) für 500 Dollar der Exekutive zu übergeben – lebend, wohlgemerkt.

Im November 1880 wurden Kid und einige Freunde in die Enge getrieben. Es gelang ihnen wieder einmal die Flucht – unter Zurücklassung eines Toten, der zuvor freiwillig die Rolle einer Art von Parlamentär übernommen hatte. Kid und Genossen schoben sich gegenseitig die Schuld an diesem Mord zu.

Es schien, als spitze sich die Lage zu. Und da es, wie man jetzt weiß, nicht nur so schien, sollte zuvor noch ein Blick auf jenen Mann geworfen werden, ohne den Billy the Kid – auch wenn es zynisch klingt – niemals das geworden wäre, was er wurde: Patrick Floyd Garrett.

1850 in Louisiana geboren, in Alabama aufgewachsen, hatte er große Teile des Westens durchstreift, als Cowboy und Büffeljäger gearbeitet, und fand sich schließlich im Pecos Valley von New

Mexico wieder. In Fort Sumner – er war zeitweise Bartender in Beaver Smith's Saloon – und auf den *bailes* der benachbarten Dörfer und Ranchos muß er dann einen auffällig freundlichen und beliebten Americano getroffen haben, den alle Kid oder Bilito nannten.

Wie Kid auch, hatte Pat Garrett ein ausgezeichnetes Verhältnis zur mexikanischen Bevölkerung. Im Januar 1880 heiratete er Apolinaria Gutiérrez in Anton Chico, einem Ort, der auch Kid wohlbekannt war. Aufgrund seiner ungewöhnlichen Körpergröße (wahrscheinlich 6 Fuß, 4 Zoll = 1,92 m) – Kid maß gerade 5 Fuß, 7 Zoll = 1,70 m – nannte man Garrett auf spanisch *Juan Largo*.

Wie es das Schicksal (oder in diesem Fall kann man sagen: John Chisum) wollte, wurde Garrett am 2. November 1880 mit 320 gegen Kimballs 179 Stimmen zum neuen Sheriff des Lincoln County gewählt. Juan Largo und Bilito standen nun auf verschiedenen Seiten. Und Kid wußte, was das bedeutete. Er kannte Garrett nur zu gut. Auch andere erkannten die Gefahr, die ihnen plötzlich drohte.

Bonneys alter Freund Charlie Bowdre versuchte sich aus der Gefahrenzone zu verziehen, indem er vorgab, in Zukunft ein friedliches Leben führen zu wollen. Es ist anzunehmen, daß er das wirklich beabsichtigte. Und doch ritt er weiter mit Kid – er hatte unter den gegebenen Umständen keine andere Wahl. Eine andere Wahl allerdings hätte ein junger Mann namens Tom O'Folliard gehabt. Aber er war fast drei Jahre jünger als Bonney, der auf ihn einen Einfluß auszuüben schien, wie der ihn selbst zuvor von »Sombrero Jack« erfahren hatte. Billy the Kid war sein Held, den er niemals verlassen würde. Und doch mußte er ihn verlassen.

Am 19. Dezember 1880 näherte sich eine Gruppe Reiter dem Old Hospital in Fort Sumner. Die Nacht war kalt, und es hatte geschneit. Völlig unerwartet zerrissen Schüsse die Stille. Pat Garrett hatte auf Kids Leute gewartet. Da er vorn ritt, starb Tom O'Folliard, die anderen entwischten. Aber auch ihre Stunde hatte geschlagen. Es ist anzunehmen, daß sie es wußten.

Vier Tage später hatte Garretts Posse fünf der Gesuchten gefunden und eingekreist. Nicht weit von Fort Sumner, in der Nähe von Taiban, hatten sie in einer Adobe-„Casita" (Häuschen) Schutz gesucht, deren Umgebung unter dem unschönen Namen *Stinking Springs* bekannt war.

Am frühen Morgen des eiskalten 23. Dezember wurde Charlie Bowdre erschossen, als er das Haus verließ, um die Pferde zu tränken. Sterbend murmelte er: „I wish... I wish...” Was er sich wünschte, wird für immer verborgen bleiben, aber wahrscheinlich wäre er lieber bei seiner Frau Manuela gewesen. Stunden später gaben auch die anderen auf. Pat Garrett hatte in noch nicht einmal zwei Monaten sein Ziel erreicht.

Er verfrachtete Billy Bonney per Eisenbahn nach Santa Fé. Bei einem Aufenthalt in Las Vegas wurde zwar von den schon erwähnten Bevölkerungsgruppen erneut an das nicht gesetzlich abgesegnete Aufhängen gedacht, aber Garrett brachte Kid heil in die Hauptstadt des Territoriums.

Aus seinem dortigen Gefängnis versuchte Billy Bonney einige Male, mit Gouverneur Wallace Kontakt aufzunehmen, der aus seiner Sicht den in Lincoln geschlossenen Vertrag gebrochen hatte. Aber Wallace schien sich lieber mit dem theoretischen Christentum in seinem Roman »Ben Hur« zu beschäftigen als mit einem Menschen, der noch nicht mal eine entfernte Ähnlichkeit mit Barabbas aufwies.

Abbildung links: Von der Hand Pat Garretts: „Territory vs Wm Bonney alias Kid...” Sheriff Pat Garretts Bericht über Billy the Kids Flucht aus Lincoln.

VIII.

William H. Bonney alias »Kid« wurde in Mesilla vor Gericht gestellt. Seltsamerweise bezog sich eine Anklage auf den Mord an »Buckshot« Roberts, den Kid nun wirklich nicht zu verantworten hatte. Man sprach ihn frei. Aber da war noch der Vorwurf, Sheriff Brady erschossen zu haben, und der war weitaus brisanter. Zwar war nicht nachzuweisen, daß Kid wirklich den tödlichen Schuß abgegeben hatte, aber er war dabeigewesen. Mitgegangen, mitgefangen – viele Dolan-Freunde waren anwesend – mitgehangen.

Am 13. April 1881 wurde William H. Bonney von Richter Warren Bristol verurteilt, am 13. Mai zwischen neun und fünfzehn Uhr in Lincoln durch Aufhängen vom Leben zum Tode befördert zu werden.

Zunächst allerdings wurde er nach Lincoln befördert. In Ermangelung eines eigentlichen Gefängnisses, brachte man ihn im Court House – vor nur drei Jahren noch Dolan's Store – unter. Ironischerweise war seine Zelle Murphys ehemaliges Schlafzimmer im ersten Stock.

Es war festgelegt worden, daß er – obwohl an Händen und Füßen mit Ketten gefesselt – niemals ohne Aufsicht sein sollte. Dieser unangenehmen Aufgabe unterzog sich sogar, da er um die Gerissenheit seines Gefangenen wußte, Garrett selbst.

Und dann waren da noch zwei Deputy Sheriffs: James W. Bell und Robert Wallace Olinger. Bell erwies sich als gutmütig, ja, man gewinnt den Eindruck, daß Kid und er sich mochten. Bob Olinger – häufig liest man seinen Namen mit „ll", Dokumente beweisen jedoch, daß ein „l" richtig ist – war in seinen Umgangsformen eher rüde und großsprecherisch. Er fühlte sich Hilflosen, und das war Kid zu diesem Zeitpunkt, maßlos überlegen und spielte das auch aus.

Dann kam der 28. April 1881. Sheriff Garrett war in White Oaks, um Steuern einzutreiben. Am späten Nachmittag führte Olinger die anderen Häftlinge quer über die Straße ins Wortley Hotel, auf daß sie ihr Abendbrot einnähmen, denn es gab keine Küche in dieser Herberge. Bell und Bonney blieben

Marshall Ashmun »Ash« Upson

Charles Robert „Bob" Olinger

Auf dieser Treppe erschoß Kid angeblich J. W. Bell. Hinten die Einschüsse in der Wand.

Von diesem Fenster im Court House von Lincoln (früher Dolan Store) erschoß Kid Bob Olinger.

allein zurück. Und hier beginnt das Mysterium der Flucht Billy the Kids, die ihn endgültig legendenfähig werden ließ.

Tatsachen also sind angebracht. Es ist bekannt, daß im Gerichtsgebäude Schüsse fielen. Wahrscheinlich zwei. Und es ist bekannt, daß Bell aus dem Hinterausgang taumelte und tot zusammenbrach. Was man nicht weiß, ist, woher oder von wem Kid eine Waffe hatte. Darüber hinaus unterstrich Garrett noch, daß er an den Seitenwänden einer Treppe Einschußspuren gesehen hätte. Zweifellos hat Kid Bell erschossen, zweifellos wurde ihm die dazu nötige Waffe in irgendeiner Weise zugesteckt.

Tatsachen: Als Olinger die Schüsse hörte, ließ er sein Roastbeef (angeblich) und seine Gefangenen im Stich, lief die fünfzig Meter über die Straße, wollte gerade den Seiteneingang des Court House betreten, als er von oben die Worte hörte:„Hello, Bob!" Er schaute hoch – direkt in die Mündungen seines eigenen Gewehrs – und starb. Niemand in Lincoln schien einen Gedanken daran zu verschwenden, Billy the Kid an seinem Tun zu hindern. Er ließ sich vom alten Godfrey Gauss, einem ehemaligen Angestellten Tunstalls, in aller Ruhe ein Pferd bringen, öffnete seine Ketten und verschwand dann, von Freund und Feind beobachtet, in der hereinbrechenden Nacht.

Diesen Vorgang findet man in den meisten Büchern über Kid sehr viel einfühlsamer und genauer beschrieben. Nur die allein bekannten Fakten stehen hier. Alles andere beruht auf Phantasie und nicht sehr zuverlässigen Aussagen alter Leute, die sich an etwas erinnerten, das, als sie befragt wurden, etwa vierzig Jahre zurücklag, und die in der Zwischenzeit ständig mit Billy the Kids Glorie bombardiert worden waren.

Zwar hatte Kid viele Freunde, die die ersten Phasen der Flucht gewährleisteten, zwar war er selbst geschickt genug, plumpen Verfolgern auszuweichen. Aber sein Hang zur einmal gefundenen Heimat und Pat Garretts Wissen darum sollten ihm doch das Genick brechen. Wenn auch fast aus Versehen.

Bilito zog es zurück nach Fort Sumner. Und wen würde es wundern, wenn »Juan Largo« ihn dort aufspürte? Es scheint fast, als sei Kid von einer gewissen Todessehnsucht an einen Ort getrieben worden, der – es war vorauszusehen – sein Ende würde.

An dieser Stelle unter dem Fenster des Court House starb Bob Olinger. Heute befindet sich dort diese Gedenktafel.

„Mors certa, hora incerta", heißt es auf Latein. „Der Tod ist gewiß, die Stunde nicht". In diesem Fall hätte man ergänzen können:„Locus certa". („Der Ort ist gewiß.")

Zumindest war Pat Garrett dieser Ansicht und beobachtete am 14. Juli 1881 Fort Sumner, ohne sich sehen zu lassen. Als sich nichts Wesentliches erkennen ließ, gab er seinen Posten auf und ging zu seinem Freund Pete Maxwell, um ihn zu fragen, ob er nicht etwas über Kid gehört hätte. Seine beiden Deputies John Poe und Tom McKinney bat er, vor dem Haus zu warten. Über Pats Gespräch mit Maxwell wissen wir nichts. Uns ist auch nicht bekannt, ob Maxwell von Kids Anwesenheit im Ort wußte. Ich halte das für unwahrscheinlich.

Daß Kid anwesend war, darüber gibt es keine Diskussion. Sicher scheint auch, daß er sich der Muße hingeben wollte. Er zog seine Stiefel aus, entledigte sich seiner Jacke und wollte, so heißt es, sich noch ein Stück Fleisch von einem von Pete Maxwell tagsüber geschlachteten Kalb holen. Aber niemand weiß, wo er sich zuvor aufhielt. Es muß bei einer Person gewesen sein, der er völlig vertraute. So weit, so gut.

Da gibt es einige, die in Frage kämen: Bob Campbell, Celsa Gutiérrez, Deluvina Maxwell, eine alte Indianerin, die eine besondere Freundin von ihm war, auch Jesús Silva und Francisco Lobato. Meine Vermutung ist Celsa – ganz einfach aus dem Grund, daß man doch lieber bei einer Geliebten entspannen möchte als bei einem noch so guten Freund.

Wo immer er herkam, Kid passierte McKinney und Poe. Beide hielten ihn für einen Mexikaner, Kid allerdings war alarmiert. Er trat in die wegen der Schwüle offenstehende Tür von Pete Maxwells Schlafzimmer und fragte ins Dunkel, um zu erfahren, wer da draußen nun sei:„Pedro, quienes son estos hombres afuera?" Keine Antwort. Kid wiederholte:„Pedro, quien es?" Und als er den Schatten des am Bett kauernden Pat Garrett sah, fragte er noch einmal, dringlicher:„Quien es?"

Und er erhielt seine Antwort. Pat Garrett war nicht gewillt, ein Risiko einzugehen. Als er Kid an der Stimme erkannt hatte, schoß er sofort. Maxwell und Garrett, voller Panik, stürzten aus dem stockfinsteren Raum. Schließlich weiß man nicht, ob ein solch gefährlicher Mensch nicht noch im Reflex zurückschießt.

In seinem Haus starb Billy the Kid: Pete Maxwell (stehend), mit seinem Freund Henry Lease (sitzend).

Deluvina Maxwell

Und da ist die Frage zu stellen: Hatte er überhaupt eine Waffe? Mit Sicherheit hielt er ein Messer in der Hand, da er ja ein Stück Fleisch für sein Nachtmahl abschneiden wollte. Gut, aber trug er auch einen Revolver? Garrett behauptete, den .41er Thunderer Colt bei Kid gefunden zu haben, und von ihm ist auch bekannt, daß noch fünf Patronen in der Trommel steckten und die sechste, sehr abgenutzt wie sie war, schon längere Zeit den Hammer auf sich gespürt haben mußte. Es war also kein Schuß abgefeuert worden. Auch Maxwell hat Kids Colt angeblich gesehen. Das mag so gewesen sein. Beide waren näher dran als wir, aber auf der anderen Seite hatten die beiden gute Gründe, Kid eine Waffe anzudichten.

Zwar ist es belanglos, aber ich glaube nicht, daß Billy eine Waffe trug, als er erschossen wurde. Die Realität ist immer wesentlich banaler, als man gemeinhin annimmt. Kid ist da – in diesen Raum – verstört hineingestolpert, und Pat hat, in Panik geraten, geschossen.

Garretts mörderische Tat wurde allgemein als gerechtfertigt angesehen, und am nächsten Tag begrub man Kid auf dem alten Friedhof von Fort Sumner. Und kaum war er unter der Erde, begann die Legendenbildung. Niemandem zuvor oder danach ist Ähnliches so schnell geschehen.

IX.

Natürlich gab es unmittelbare Nachrufe. Einer sei hier zitiert, da er mit einer Legende aufräumte, bevor sie begann. Am 23. Juli 1881 konnte man unter der schönen Überschrift „EXIT »THE KID«" im *»New Southwest and Grant County Herald«* lesen, daß die Geschichte, er hätte „seinen ersten Mann" getötet, weil der seine Mutter in Silver City beleidigt hätte, ganz einfach nicht stimmte. In besagtem Artikel steht allerdings auch viel Falsches. Mit noch viel mehr Falschem wartete ein zwölfspaltiger Aufsatz derselben Zeitung auf, der am 20. August 1881 erschien. Ein gewisser *P. Donan* hatte ihn unter dem einfachen Titel „BILLY THE KID" verfaßt, sich mehr als einmal geirrt und trotzdem den Ruf behalten, die erste erste Biographie Kids geschrieben zu haben. Man darf nicht vergessen, daß dieser Artikel gerade einen guten Monat nach Kids Tod erschien.

Am 29. August desselben Jahres war dann ein Heftroman der *»FIVE CENT WIDE AWAKE LIBRARY«* (Vol. I, No. 451) zu erwerben, der den Titel „THE TRUE LIFE OF BILLY THE KID" führte. Der Autor hieß *John Woodruff Lewis.* Er hatte seine Geschichte unter dem Pseudonym *Don Jernado* verfaßt.

In *»MORRISON's SENSATIONAL LIBRARY«* erschien noch im selben Jahr „THE LIFE OF BILLY THE KID, A JUVENILE OUTLAW". Der Autor in diesem Fall war *John W. Morrison.* Ein *Edmund Fable, Jr.* veröffentlichte ebenfalls 1881 noch ein Heft mit dem Titel „BILLY THE KID, THE NEW MEXICAN OUTLAW".

Angeblich soll es noch weitere drei gegeben haben, bevor die erste ernstzunehmende Lebensbeschreibung Billy the Kids auf dem Büchermarkt eine Rolle spielte. Im April 1882 fand der staunende Interessent ein Buch mit dem Titel „THE AUTHENTIC LIFE OF BILLY, THE KID" in der Auslage seines Buchhändlers. Der Autor war, so wurde dem Leser wenigstens vorgeschwindelt, *Pat F. Garrett.*

In Wahrheit hatte sich ein Allesschreiber namens *Marshall Ashmun Upson* seiner Geschichte angenommen. Vieles darin stimmt, vieles aber auch nicht. Unbezweifelbar jedoch ist, daß mit diesem Buch die erste Grundlage der Billy-the-Kid-Legende gelegt wurde. 1885 schrieb einer der großen Westerner, *Charles S. Siringo* („after he became stove up – financially, as well as otherwise", wie er das selbst formuliert) („Nachdem er ausgetrocknet war – finanziell und auf andere Weise."), sein Buch „A TEXAS COWBOY", in dem er seine Erfahrungen mit Kid dem Publikum mitteilte.

Viele, die oberflächlich von Billy the Kid gehört haben, sind davon überzeugt, daß er 21 Menschen erschossen hätte, und die Zahl paßt auch gar zu schön zu seinem Alter. Dennoch ist die Zahl seiner Opfer natürlich auch eine Legende – zählebig allerdings. Pat Garretts Freund *Emerson Hough* ist der Urheber dieser Geschichte, die 1901 zuerst in *»Everybody's Magazine«* erschien.

Literarisch interessant wurde Billy 1904 durch O. Henry, der ihn als Vorbild für seinen Cisco Kid nahm, dem er in der (ironischen) Short Story „The Caballeros Way" Gestalt verlieh.

Anders als viele der „authentischen" Westernhelden war Kid nie vergessen, mußte auch nie neu entdeckt werden, aber im Lauf der Zeit „schwankt sein Charakterbild in der Geschichte". Zu Beginn seiner Karriere als Legende war er der *»bad guy«*. Als Hollywood ihn 1930 entdeckte, wurde – überwiegend jedenfalls – eine eher positive Figur aus ihm. Daran war allerdings ein Autor nicht ganz unschuldig: *Walter Noble Burns*. Er war es im Grunde, der Amerika eine Figur schuf, mit der sich die Mehrheit identifizieren konnte. Er nahm etwas von Garrett, er nahm etwas von Hough, sprach mit Oldtimern – so sagte er jedenfalls –, gab einen gehörigen Schuß schriftstellerischer Begabung hinein, schüttelte das Ganze und – heraus kam der Billy the Kid, wie die meisten ihn sich heute vorstellen.

Den *Reverend Andrew Jenkins* küßte noch im Jahr der Veröffentlichung des Buches (1926) die Muse, und er schrieb und komponierte die noch heute populäre „BALLAD OF BILLY THE KID". Und Vernon Dalhart, Woody Guthrie, Tex Ritter, Marty Robbins und Ry Cooder sangen:

> *I'll sing you the true song of Billy the Kid,*
> *I'll sing of the desperate deeds that he did,*
> *Way out in New Mexico, long ago*
> *When a man's only chance was his own fo'ty-fo'.*

Das Grab von Billy the Kid, Tom O'Folliard und Charlie Bowdre auf dem Old Fort Sumner Cemetery. Der schlichte Stein trägt trägt die Inschrift „Pals" („Gefährten").

Stichwort Hollywood. 1930 flimmerte der erste Billy-the-Kid-Film über die Leinwand. Johnny Mack Brown, seines Zeichens ehemaliger Footballchamp, war der Star. Gleichzeitig begann der Heftromanboom erst richtig anzulaufen und hat, wenn man es recht bedenkt, bis heute nicht aufgehört. Jetzt gibt es zwar keine »Dime Novels« mehr in den USA, und wesentlich besser geschriebene Taschenbücher haben diese Rolle übernommen, aber selbst begabte Autoren wie Zane Grey, Nelson Nye, Charles Neider, Matt Braun und Oakley Hall konnten und können es offenbar nicht lassen, sich des Themas „Billy" anzunehmen.

Allerdings ist Kid wohl im Rahmen des „debunking" (des Stürzens von Helden) jetzt eher wieder der Böse. Eine vielfach falsch verstandene Psychologie spielt da eine große Rolle, was auch an den Filmen gut zu beobachten ist, die ohnehin das gesellschaftliche Selbstverständnis vielfach besser widerspiegeln als Lichtspiele mit anderen Themen.

Drei wichtige Dinge sollten nicht unterschlagen werden. Es gab eine Fernsehserie „THE TALL MAN", deren Titel sich auf Pat Garrett bezog, in der Billy (Clu Gulager) aber eine wichtige Rolle spielte. Er wurde ständig von Pat Garrett erzogen.

Weitaus beeindruckender ist jedoch, daß Billy als Protagonist in einem weltweit erfolgreichen Theaterstück reüssierte – seine fiktiven Partner waren Marilyn Monroe und Albert Einstein, beide sind nicht aus dem amerikanischen Ego fortzudenken –, und daß ein heute noch oft getanztes Ballett „BILLY THE KID" seit 1938 überlebte.

Billy the Kid ist ein Teil der amerikanischen Folklore. Er gehört zu den USA wie Lincoln, Gershwin, Roosevelt, diMaggio, Kennedy und Sinatra.

Selbstverständlich sollten für einen Historiker nur Fakten zählen, aber in bestimmten Fällen hat wohl auch der Journalist in John Fords „THE MAN WHO SHOT LIBERTY VALANCE" recht, als er sagte:

„Wenn die Wahrheit über die Legende herauskommt, drucken wir trotzdem die Legende."

Bibliographie

American Heritage (ed.): THE GREAT WEST. New York 1965
Billy the Kid Outlaw Gang (ed.): OUTLAW GAZETTE. Taiban 1989
Blumenberg, Hans C.: WANTED. München 1973
Breihan, Carl W.: GREAT LAWMEN OF THE WEST. London 1964
Brown, Dee: IM WESTEN GING DIE SONNE AUF. London 1974
Burns, Walter Noble: THE SAGA OF BILLY THE KID. New York 1974
Cline, Donald: ALIAS BILLY THE KID. Santa Fe 1982
DeMattos, Jack: THE SEARCH FOR BILLY THE KID's ROOTS – IS OVER. »Real West«, January 1980
Dyer, Robert: DRAMATIC ESCAPE OF BILLY THE KID. »The National Tombstone Epitaph«, March 1990
    ders.: WHERE BILLY THE KID GAVE UP. »The National Tombstone Epitaph«, Mai 1989
Fulton, Maurice G.: THE LINCOLN COUNTY WAR. Tucson 1968
Garrett, Pat. F.: THE AUTHENTIC LIFE OF BILLY THE KID. Norman 1988
    ders.: THE LIFE OF PAT GARRETT. Palmer Lake 1971
Hagen, Christopher S. (d. i. H. J. Stammel): SHERIFFS, OUTLAWS UND BANDITEN. München o. J.
Hembus, Joe: WESTERN GESCHICHTE. München 1979
Hertzog, Peter: LITTLE KNOWN FACTS ABOUT BILLY, THE KID. Santa Fe 1964
Horan, James D. & Sann, Paul: PICTORIAL HISTORY OF THE WILD WEST. London 1972
Hutton, Paul A.: DREAMSCAPE DESPERADO. »New Mexico«, June 1990
Irish Telephone Directory: Cuid a hAon. Dublin 1984
Kadlec, Robert F. (ed.): THEY „KNEW" BILLY THE KID. Santa Fe 1987
Kuegler, Dietmar: SIE STARBEN IN DEN STIEFELN. Stuttgart 1976
Kyle, Thomas G.: THE VERDICT IS IN. »True West«, July 1990
May, Robin: DIE ILLUSTRIERTE GESCHICHTE DES WILDEN WESTENS. Zollikon 1979
Miller, Nyle H. & Snell, Joseph W.: GREAT GUNFIGHTERS OF THE KANSAS COWTOWNS. Lincoln 1967
Paulin, Don: DAS COWBOYLIEDERBUCH. München 1982
Prassel, Frank R.: THE WESTERN PEACE OFFICER. Norman 1975
Priestly, Lee: THE RETURN OF BILLY THE KID. Las Cruces 1989
Rakocy, Bill: THE ARTISTS AND WRITERS SAGA: THE KID. El Paso 1985
Rasch, Philip: THE TRIALS OF BILLY THE KID. »Real West«, November 1987
Rosa, Joseph G.: THE GUNFIGHTER. Norman 1969
Siringo, Charles A.: A TEXAS COWBOY. Chicago 1885 (Lifebook reprint)

Stammel, H. J.: DAS WAREN NOCH MÄNNER. Düsseldorf 1971
    ders.: DER COWBOY. Gütersloh 1972
Tatum, Stephen: INVENTING BILLY THE KID. El Paso 1982
Trachtman, Paul: DIE REVOLVERHELDEN. o. O. 1978
Turner, George E.: SECRETS OF BILLY THE KID. Amarillo 1974
Tuska, Jon: BILLY THE KID. A HANDBOOK. Westport 1983
Ullman, Robert (d. i. H. J. Stammel): DIE BILLY THE KID STORY (Heftroman-Trilogie: I. Im Zeichen des Colts; II. Der Zorn
    der Enttäuschten; III. Der tödliche Schatten. Rastatt o. J.
Utley, Robert M.: BILLY THE KID. Lincoln 1989

So stellte Pat Garrett es später dar: Ein Kampf Mann gegen Mann gegen den schwerbewaffneten Billy the Kid. In Wirklichkeit
war es ganz anders. (Zeitgenössischer Holzschnitt.)

63